Discursos, Conferencia, Presentación

Hablar y convencer ante un público con facilidad

Cómo mejorar rápidamente tu retórica y expresión, planificar tu presentación y sacudirte el miedo escénico

Leon Bahlsen

CONTENIDO

Qué puedes esperar de este libro

¿Tienes que dar una charla o presentación para tu trabajo, escuela o estudios? Tanto si se trata de una breve presentación como de una charla más larga en el marco de un seminario, las condiciones son las mismas.

¿No eres una de esas personas que pueden hablar sin ningún miedo delante de otras personas y pronunciar su discurso con elocuencia y seguridad? Al contrario: ¿estás nervioso y tienes la sensación, justo antes, de que no consigues emitir ni un sonido? La buena noticia: ¡hablar delante de otras personas se puede aprender!

Esta guía trata de los aspectos básicos de la comunicación interpersonal. Te ayuda a comprender cómo pueden producirse fallos en la comunicación y cómo evitarlos. Además, este libro trata de los medios y posibilidades de cómo diseñar tu presentación de forma que realmente caiga bien entre tu público.

La guía también trata de tu voz, mostrándote cómo puedes entrenarla, así como ejercicios contra la ansiedad al hablar.

Y aprenderás que no tiene por qué ser la presentación perfecta e impecable la que convenza a tu público. Eres *tú quien* les inspira con tu personalidad.

Se establecen paralelismos con la actuación de artistas y atletas. ¡Y no sin razón! Puedes aprender de ellos cómo afrontar el nerviosismo e incluso el miedo escénico intenso y cómo llevar tu actuación al grano. Verás que una cosa es una buena preparación y otra la compostura y la autenticidad.

Por último, recibirás algunos consejos prácticos.

¿Estás preparado para tu actuación?

Tu conferencia - tu actuación

CADA CONFERENCIA ES UNA PRESENTACIÓN DE TI MISMO

Casi todo el mundo se encuentra en una situación en la que tiene que presentar algo. Puede tratarse de un logro artístico o deportivo, o incluso de una conferencia. Toda persona que presenta algo también se presenta a sí misma en cierta medida. Por supuesto, esta autopresentación desempeña un papel especialmente importante en el ámbito artístico.

Pero también en una conferencia quieres llegar a tu interlocutor. Quieres transmitir conocimientos, pero también tus opiniones y puntos de vista. En definitiva, lo que quieres transmitir es tu mensaje. Y nada de esto funciona sin autenticidad, vivacidad y franqueza en tu aspecto.

¿QUÉ QUIERO CONSEGUIR CON MI PRESENTACIÓN?

Lo que quieras conseguir con tu presentación depende, por supuesto, del contexto específico. La conferencia puede formar parte de un examen. En ese caso, sirve principalmente para presentar tus conocimientos en un campo concreto.

Lo mismo ocurre si das una conferencia en tu lugar de trabajo para informar a tus compañeros sobre un tema concreto o sobre tu campo de actividad. Lo mismo se aplica a las conferencias en el contexto de la formación continua.

Sin embargo, también puede ser que quieras convencer a los clientes de tu producto o servicio en el marco de un breve discurso de ascensor o presentación.

En cada uno de estos casos, se trata principalmente -al menos aparentemente- de impartir conocimientos y transmitir información.

¿A QUIÉN QUIERO LLEGAR CON MI PRESENTACIÓN?

Una mirada más atenta muestra que la persona destinataria, tu homólogo, el examinador, los compañeros, los clientes, los alumnos, es decir, los destinatarios de la información que transmites, son igual de importantes. Debes llegar a estos destinatarios. Los destinatarios deben ser capaces de entender tu mensaje. Tienes que captar su atención. Tu público quiere beneficiarse de tu presentación.

No das la charla a una sala vacía. Tienes un público. Por tanto, es importante despertar el interés de la audiencia. Si el público no está contigo, si no te escucha porque se aburre, si no puede seguir el contenido o si no se siente aludido, tu conferencia se quedará en "nada".

Depende del horizonte de destinatarios de tu público. Sin embargo, también hay que tener en cuenta las características de tu audiencia, como el origen social, la educación previa y la perspectiva profesional. Si la misma conferencia jurídica se da a jueces, policías, fiscales o abogados, se percibirá de forma diferente, dependiendo de su perspectiva profesional.

¿QUIÉN DA LA CONFERENCIA?

Y tú eres la persona que da la charla. Es tu entrega, tu personalidad, lo que determina si tu presentación tiene éxito y lo que resuena en tu interlocutor.

Si otra persona diera la misma charla, sería una charla diferente, quizá no en cuanto al contenido, pero sí en cuanto a la forma de pronunciarla y al resultado. Lo que resuena en cada oyente, lo que cala, lo que conmueve, lo que estimula la reflexión, también depende de la persona del orador.

Al igual que existen diferentes simpatías interpersonales, dos oradores distintos también podrán atraer más o menos bien a uno u otro público y llegar a ellos con la charla.

Por supuesto, no está bajo tu control si un miembro del público está cansado o desconcentrado y, por tanto, no escucha. Sin embargo, es importante llegar al mayor grupo posible de oyentes de la mejor manera posible.

Este es el arte de la comunicación.

Cómo funciona la comunicación

Los medios de comunicación son muy importantes cuando se trata de llegar al público de la mejor manera posible durante tu presentación.

El hombre es un ser social. No vive solo en el mundo. Se relaciona con otras personas e interactúa con ellas. Esto significa que hay un intercambio constante entre las personas. Varias personas interactúan entre sí. Este intercambio constituye la comunicación.

La comunicación también tiene lugar durante una conferencia. Aunque es principalmente el orador quien habla, mantiene una relación de intercambio con el público. El público asimila la información. Entienden lo que se dice o no. Lo entienden o no. Tienen la misma opinión o una opinión diferente. Reaccionan a la información: haciendo preguntas, estando de acuerdo, en desacuerdo, desinteresados. Esta reacción vuelve a su vez al orador. Él reacciona, su reacción vuelve al público, y así sucesivamente. Además, el presentador también puede implicar activamente a su público en la conferencia.

Como puedes ver, ¡también hay mucha comunicación durante una conferencia!

¿QUÉ ES LA COMUNICACIÓN?

"No puedes no comunicarte": ésta es una afirmación del científico de la comunicación Paul Watzlawick. Incluso cuando no se habla, hay comunicación no verbal.

El término comunicación deriva del verbo latino "communicare" (*compartir* algo con alguien, *contarle* algo a alguien, dejar que alguien *participe*). Por tanto, la comunicación incluye tanto compartir información como participar en la vida emocional de la otra persona.

Las palabras transmiten contenido fáctico. El lenguaje corporal puede subrayar el lenguaje hablado y también enviar independientemente mensajes sobre el hablante, su relación con el receptor o sobre la situación en la que se encuentran hablante y receptor.

La comunicación desempeña un papel en toda relación interpersonal. Las personas que se comunican entre sí se encuentran en situaciones diferentes. Están influidas por sus antecedentes, por las experiencias que han tenido y por su estado de ánimo actual. Se reúnen en una situación concreta en la que tiene lugar la comunicación. Puede tratarse de un contexto profesional, pero también de un encuentro en el tiempo libre. Las personas no se conocen de nada o son amigos desde hace mucho tiempo. Se encuentran por casualidad o se reúnen con un fin concreto (formación, enseñanza, celebración). Se comunican a distintos niveles a través del lenguaje o incluso sin lenguaje a través de gestos y expresiones faciales: es fácil hablar más de la cuenta y malinterpretarse.

La comunicación interpersonal es el intercambio de información entre al menos dos personas. Tiene lugar de distintas maneras (verbal, no verbal, paraverbal) y de distintas formas (habla, escritura). Es un proceso complicado. Por un lado, la persona que habla envía afirmaciones sobre determinados contenidos y hechos o sobre sus propios pensamientos, deseos y sentimientos. Además, siempre envía información sobre sí misma.

Se distingue entre comunicación verbal, que tiene lugar mediante el lenguaje hablado o también mediante el lenguaje escrito y se refiere al contenido del mensaje, y comunicación no verbal (no verbal). Esta última no tiene lugar mediante la palabra hablada o escrita, sino mediante gestos, expresiones faciales y posturas y movimientos corporales.

La comunicación no verbal transmite principalmente sentimientos, pero también puede sustituir a las palabras (sacudir la cabeza: no, asentir: sí, encogerse de hombros: no importa, no sé). Con la palabra hablada, la voz como medio de expresión también proporciona información, como el tono de voz, el tono, la articulación, el tempo y el volumen. Esto es comunicación paraverbal (comunicación "junto" al habla).

La comunicación no verbal y paraverbal se tratará con más detalle en otro capítulo. El interlocutor asimila la información transmitida. La forma en que la entiende depende de la situación concreta, pero también influyen el estado de ánimo, la vida emocional y la actitud hacia el interlocutor.

Si la información transmitida no llega a la persona a la que va dirigida, o no le llega correctamente, por ejemplo, si hay malentendidos, se habla de interrupción de la comunicación. Esta interrupción puede dar lugar a conflictos.

DIFERENTES MODELOS DE CO-MUNICACIÓN

Diversos enfoques científicos intentan describir la comunicación y comprender los procesos, las interrelaciones y los distintos niveles de comunicación. Estos modelos pueden ayudar a descubrir fuentes de malentendidos y evitar conflictos.

Aquí se presentan algunos modelos en el curso del desarrollo de los modelos de comunicación. No es importante conocer los detalles de estos modelos, sino que son los puntos en común los que explican muy bien en qué consiste la comunicación.

Modelo de transmisor-receptor
El modelo emisor-receptor (modelo Shannon-Weaver), desarrollado en la década de 1940 por los matemáticos estadounidenses Claude E. Shannon y Warren Weaver, supone que una persona (el emisor) transmite un mensaje a otra (el receptor). El "emisor" convierte sus pensamientos en lenguaje ("codificación"). Esto crea una

señal que se transmite. El "receptor" recibe el mensaje y lo entiende ("descodificación"). Durante la transmisión pueden producirse interferencias. Este modelo tan sencillo se desarrolló originalmente para mejorar la comunicación por teléfono. Más tarde fue desarrollado por otros científicos.

Modelo Organon

El modelo organon del psicólogo lingüístico alemán Karl Bühler también representa un modelo de comunicación temprano de la década de 1930. La lengua se considera una herramienta (en griego "organon"). Con ayuda de esta herramienta, el emisor comunica contenidos al receptor. El lenguaje tiene una función expresiva (expresión de sentimientos), una función representativa (transmisión de un hecho) y una función de apelación (petición al receptor de que reaccione).

Modelo Iceberg

El modelo del iceberg se remonta al psicoanalista austriaco Sigmund Freud, aunque nunca utilizó el término "iceberg". El término sólo se asoció a la teoría de Freud mucho después de su muerte, en la década de 1970. Este modelo compara la comunicación con un iceberg. Sólo el 20% del iceberg está visiblemente por encima del agua, el otro 80% está oculto e invisible bajo el agua. Lo mismo ocurre con la comunicación.

El "nivel de materia" contiene las afirmaciones visibles y conscientes sobre hechos y pensamientos. Este nivel representa la parte más pequeña de toda la comunicación. Oculto (como la parte más grande del iceberg) está el nivel de relación. Se refiere a las experiencias, valores, sentimientos, deseos e impulsos inconscientes e invisibles. Sólo salen a la luz (en parte) a través de los gestos, las expresiones faciales y el tono de voz. Sin embargo, representa la parte principal de la comunicación.

5 Axiomas de la comunicación

Los 5 axiomas (principios) de la comunicación del científico de la comunicación austriaco-americano Paul Watzlawick han desarrollado los modelos anteriores. Lo que uno dice está relacionado con el interlocutor y está conformado por sentimientos y emociones. El 1er axioma refleja la afirmación ya citada al principio de que no se puede no comunicar. Este principio se refiere a la comunicación no verbal, que siempre está presente, incluso cuando las personas no hablan. El 2º axioma afirma que la comunicación tiene un aspecto de contenido y un aspecto de relación (qué dices y cómo). El 3er axioma afirma que la comunicación es siempre causa y efecto. El 4º axioma afirma que la comunicación tiene modalidades analógicas y digitales (verbal/no verbal). Y el 5º axioma afirma que la comunicación es simétrica o complementaria (ojo a ojo o superior/subordinado).

Modelo de 4 orejas

El Modelo de los 4 Oídos (también Modelo de los 4 Lados o Cuadrado del Mensaje) del psicólogo de la comunicación alemán Friedemann Schulz von Thun, que presentó por primera vez en 1981, afirma que la comunicación transmite mensajes en cuatro niveles. El nivel factual se refiere a aquello sobre lo que se está informando. El nivel de auto-revelación se refiere a lo que el hablante revela sobre sí mismo. El nivel de relación se refiere a cómo se relaciona el hablante con la otra persona y lo que piensa de ella. El nivel de apelación se refiere a lo que el hablante quiere conseguir (con el receptor). El emisor tiene "4 picos" con los que habla y el receptor tiene "4 oídos" con los que oye y percibe. En este modelo también se pueden encontrar planteamientos de los modelos anteriores.

Modelo PNL

Enfoques más recientes, como el *modelo PNL (Programación Neurolingüística)*, implican técnicas de comunicación. Con ello se pretende "programar" una determinada acción. Este modelo fue desarrollado en los años 70 por los estadounidenses Richard Bandler (matemático y psicólogo) y John Grinder (lingüista). Originalmente, se trataba de investigar los factores eficaces para el éxito de la terapia. Se centra en las habilidades comunicativas. Una crítica a la PNL es que no es una ciencia real. Esta técnica se utiliza en la enseñanza moderna de idiomas, pero también en el contexto de terapias o en marketing.

Análisis transaccional

Según el *Análisis Transaccional (AT)* del psiquiatra canadiense-estadounidense Eric Berne, fundado ya a mediados del siglo XX y en continuo desarrollo, la comunicación es una transacción con la que se transmite información. El AT descodifica las estructuras de la personalidad. Puede utilizarse para desactivar conflictos. Se trata de dar forma al cambio en la esfera interactiva. Las personas deben desarrollar la capacidad de moverse bien en la estructura social y dar forma a sus vidas.

Los distintos enfoques tienen en común que existe la parte de un comunicador que transmite un mensaje a un receptor con la ayuda de signos (lenguaje, escritura). Esta transmisión puede verse perturbada.

El desarrollo de los modelos de comunicación muestra que cada vez se presta más atención a lo que hay detrás del puro intercambio de información (nivel fáctico). Las sensibilidades de las personas que se comunican entre sí y su relación mutua (nivel de relación) desempeñan un papel fundamental en cómo se produce la comunicación y si tiene éxito (sin interferencias).

ESPECIALMENTE LA COMUNICACIÓN NO VERBAL Y PARAVERBAL

Los modelos de comunicación destacan la especial importancia de la comunicación no verbal y paraverbal, aunque no siempre se sea consciente de ello.

La comunicación verbal se refiere al lenguaje literal. Las palabras habladas (o escritas) transmiten un contenido.

La comunicación no verbal es mucho más antigua que el lenguaje y más universal, aunque también depende del contexto cultural. Este tipo de comunicación tiene lugar sin palabras, mediante expresiones faciales, gestos y posturas corporales, pero también incluye el contacto visual, los movimientos, el tacto y la distancia con la otra persona.

Todo comportamiento no lingüístico proporciona información sobre los estados internos de una persona. El receptor puede sacar conclusiones del comportamiento. Estas señales pueden ser intencionadas por parte del emisor, pero también pueden ser inconscientes o incontroladas.

Cuando una persona se ruboriza, no puede controlarlo y puede que ni siquiera se dé cuenta. Sin embargo, el interlocutor puede leer ciertas sensibilidades de su interlocutor (vergüenza, nerviosismo o incluso enfado). Los medios de expresión de una persona pueden ser muy amplios. Incluso a través de la ropa, el atuendo profesional, el peinado, las joyas y los accesorios, se pueden enviar determinados mensajes, como la pertenencia a un determinado grupo (punk, estudiante, soldado) o actitudes y características de la persona (por ejemplo, bien arreglada, informal, descuidada).

Las expresiones en las que se puede influir voluntariamente se realizan inicialmente mediante gestos, expresiones faciales y postura corporal. *Los gestos* son movimientos, sobre todo con los brazos y las manos (movimientos defensivos de las manos, gesticular con las manos), pero también con la cabeza (sacudir, asentir, mantener la cabeza inclinada en caso de escepticismo) u otras partes del cuerpo (encogerse de hombros).

La expresión *facial* (derivado de "mien") se refiere a los movimientos de la cara, especialmente con los ojos (ojos muy abiertos en señal de asombro, ojos torcidos en señal de incomprensión o desprecio) y la boca (comisuras de los labios hacia abajo en señal de rechazo, sonriendo), es decir, la expresión facial.

Sin embargo, la comunicación no verbal también tiene lugar a través *del contacto visual.* Se trata de la mirada recíproca entre dos personas que se miran a los ojos. Por tanto, el contacto visual es siempre algo recíproco. Si se rechaza el contacto visual apartando la mirada, también se trata, por supuesto, de una comunicación (rechazo).

Por lo demás, cualquier tipo de movimiento puede considerarse comunicación no verbal: dar la espalda a la otra persona, alejarse (rechazo; negativa a escuchar), caminar hacia la otra persona, acercarse a una persona, tocar al interlocutor en el brazo, volverse hacia la otra persona, abrazar (ánimo), poner una mano en el hombro, aplaudir (elogio, confirmación).

Las acciones que no se refieren directamente a otra persona también son una forma de comunicación no verbal: Un portazo como expresión de enfado (la comunicación termina bruscamente), una puerta abierta como expresión de voluntad de hablar, una puerta cerrada como expresión de que no se desea comunicación.

También incluye todos los sonidos no verbales, como las risas y los gemidos. Pero la comunicación lingüística también tiene aspectos no verbales. Se trata de la *comunicación paraverbal.* Paraverbal significa "junto al" habla. Se puede pensar en el tono de la voz (alto, bajo), el espacio de resonancia de la voz, el patrón del habla, el tempo, las pausas en el habla, la articulación, el ritmo, el volumen, la entonación correcta. La entonación (progresión temporal del tono) da lugar finalmente a la melodía de la frase. Éstas son características individuales del hablante.

La voz también es una característica individual del orador. Puede utilizar su voz para conseguir determinados efectos, para evocar una reacción del oyente y para apoyar su presentación.

Algunos ejemplos: Si el orador habla muy deprisa, puede transmitir más información cuantitativamente, pero se plantea la cuestión de si realmente la recibe en su totalidad. Es posible que el receptor no pueda concentrarse hasta el final o que no pueda absorber y procesar lo que se dice con la misma rapidez. Existe el peligro de que parte de la información transmitida pase de largo y se pierda. Por tanto, la información sólo le llega de forma incompleta.

Hablar despacio, en cambio, da la impresión de control. El receptor puede absorber bien la información. Sin embargo, sin los acentos adecuados, hablar demasiado despacio también puede parecer monótono y "dormir" al oyente. El tono de voz dice mucho sobre el estado emocional del hablante. La voz puede sonar alegre o triste. Sin embargo, esas emociones también pueden utilizarse específicamente como recurso estilístico. De este modo, se puede crear cierta tensión para mantener la atención del oyente.

Las vacilaciones al hablar dan la impresión de duda o incertidumbre. En cambio, las pausas significativas al hablar pueden estructurar la presentación y dar al oyente la oportunidad de asimilar lo que ha oído.

Todos los recursos estilísticos tienen su efecto en la comunicación. Un estilo variado al hablar (tempo, cambio de tono) y una entonación correcta, así como el uso sensato de las pausas, aumentan la calidad de la presentación.

¿Cómo se puede utilizar la comunicación no verbal?

El lenguaje corporal puede utilizarse conscientemente, como asentir con la cabeza cuando quieres confirmar algo o encogerte de hombros cuando quieres expresar indecisión. Con este tipo de comunicación, los mensajes verbales pueden subrayarse (asentimiento confirmatorio, sonrisa) o relativizarse/debilitarse (gesto de desaprobación con la mano, cara/ángulo de la boca hacia abajo).

Las emociones también pueden expresarse directamente, mediante una mirada amistosa o enfadada, una voz más alta, riendo o llorando. También se puede expresar la actitud hacia el interlocutor (poner los ojos en blanco cuando el interlocutor dice algo que no se entiende; expresión facial de aburrimiento, darse la vuelta, apartarse del campo de visión del interlocutor).

La comunicación no verbal también puede sustituir a la verbal, por ejemplo, sacudir la cabeza o guardar silencio como respuesta/reacción negativa, de rechazo, o asentir con la cabeza como afirmación. El lenguaje corporal -especialmente como reacción- suele producirse de forma inconsciente. Pero si intentas ser consciente de tu propio lenguaje corporal, puedes entrenar este tipo de comunicación y utilizarlo de forma selectiva. Lo mismo ocurre en la conferencia.

He aquí algunos ejemplos.

Si te cruzas de brazos mientras hablas, tal vez porque te da vergüenza o te sientes inseguro, estás creando una barrera y demostrando una actitud distante o incluso despectiva hacia el oyente.

Lo contrario sería: te pones de pie con los brazos colgando sin apretar, el cuerpo mirando a la otra persona, y utilizas los brazos y las manos para apoyar tu discurso, por ejemplo, levantándolos. Un movimiento de apertura de los brazos hacia fuera puede apoyar un mensaje importante de tu discurso. Con el tiempo, puedes entrenarte para adoptar esa postura al hablar. Cuando hables en casa, ponte delante de un espejo y obsérvate mientras adoptas conscientemente una postura abierta y girada hacia el oyente ficticio.

Cuando estás nervioso, no sólo se nota en tu discurso, sino que titubeas, se oye un "uh" o un "um". Estas partículas conversacionales rellenan pequeñas pausas en el discurso cuando estás pensando. Estas palabras de relleno suelen ser percibidas como desagradables por el hablante, ya que indican que está perdido. Demasiadas de estas palabras de relleno también pueden ser percibidas como desagradables por el oyente, porque restringen la fluidez y, por tanto, la comprensibilidad del discurso.

Pero tu nerviosismo también se expresa a través de tu lenguaje corporal. Te rascas la cabeza, retuerces el bolígrafo, jugueteas con trozos de papel, juegas con tu pelo. Son las llamadas acciones saltarinas. Tu tensión nerviosa se traduce en acciones inconscientes que no tienen ninguna relación significativa con la situación actual. Esto tiene que ver con la situación que se percibe como estresante. En lugar de huir simplemente de una situación que se percibe como amenazadora, la necesidad de moverse se descarga en acciones tan monótonas, que en sí mismas no tienen ningún significado.

Estas acciones son ciertamente difíciles de controlar y no siempre se pueden evitar, porque tú mismo no te das cuenta necesariamente de ellas. Sin embargo, en cuanto disminuya tu tensión, estas sobreactuaciones nerviosas remitirán automáticamente. También a este respecto se aplica en última instancia lo siguiente: sé auténtico. Entonces el lenguaje corporal inconsciente seguirá tu actitud interior positiva.

Interrupciones de la comunicación

La comunicación puede verse perturbada de varias formas.

Por un lado, debido a *circunstancias externas, por* ejemplo ruido del exterior (una ventana abierta) o del interior (gente hablando). Estas causas de avería suelen poder remediarse fácilmente.

También puede haber *problemas lingüísticos que* dificulten la comunicación. Los interlocutores hablan lenguas distintas y tienen que hablar en una tercera lengua o en la lengua de uno de ellos, que el otro sólo domina de forma limitada. Puede haber ya una dificultad debida a uno o varios dialectos. Hay palabras y expresiones en dialectos o en zonas geográficas diferentes que no se dan en absoluto en otras zonas o tienen un significado diferente (por ejemplo, expresiones diferentes para la hora 12:45: "tres cuartos de la una", "cuarto de la una" y "cuarto para la una").

Lo mismo ocurre con las diferencias culturales. Lo que en algunas culturas se valora como una expresión honesta, en otras se percibe como descortés. La forma de hablar también puede diferir (fuerte y animada, tranquila y reservada). Diferentes culturas pueden atribuir significados distintos a un mismo comportamiento en términos de comunicación. Tomemos el ejemplo de un profesor alemán en EEUU. Estaba sentado en su despacho con la puerta cerrada durante el horario de atención a los estudiantes. Los estudiantes estadounidenses no se atrevían a entrar. La puerta cerrada les indicaba El profesor no quiere ser molestado. Habrían esperado una puerta abierta. El profesor suponía que un estudiante que tuviera una pregunta llamaría a la puerta y entraría.

La forma de hablar (poco clara, demasiado baja, entre dientes, presencia de un impedimento del habla) también puede afectar a la inteligibilidad. Por parte del receptor, la falta de concentración y atención, pero también la pérdida de audición, pueden hacer que el mensaje no llegue.

Los interlocutores también pueden pasarse el uno al otro porque algunos términos utilizados no están claros o son ambiguos. Hay palabras con doble sentido (párrafo, banco, folio, compartimento, tribunal, etc.). No siempre es evidente cuál es el significado.

Algunos recursos estilísticos del orador -uso de la ironía, bromas- pueden malinterpretarse. El orador hace una afirmación que no quiere decir en serio, pero que el receptor se toma en serio. La ironía no se desprende fácilmente de la situación, por ejemplo, o el receptor también puede carecer del sentido de la ironía. El espectro de los malentendidos es diverso.

Por último, existe la posibilidad de que los interlocutores tengan conocimientos previos diferentes; por ejemplo, el hablante utiliza palabras extranjeras de su especialidad que el otro no conoce.

RECONOCER Y EVITAR FALLOS

A menudo, sin embargo, los malentendidos no pasan desapercibidos. Haciendo preguntas o simplemente mirando al interlocutor en cuestión, el interlocutor atento puede reconocer que algo "ha ido mal" en la comunicación y, a su vez, hacer preguntas y aclarar la situación.

Los malentendidos lingüísticos pueden evitarse si el orador se adapta a su público de la mejor manera posible. ¿Quiénes están detrás?

Si el público es más bien homogéneo, formado por personas que tienen un trasfondo similar (aproximadamente la misma edad, la misma educación, el mismo trasfondo profesional, el mismo trasfondo social, los mismos intereses), es más fácil para el orador adaptarse a su público.

Si el público es más bien heterogéneo, formado por personas que en su mayoría no están de acuerdo con los aspectos mencionados anteriormente, el orador debe intentar encontrar el mayor denominador posible. Si la audiencia es más bien mayor, debe evitarse el uso de palabras de moda del lenguaje de los adultos más jóvenes, ya que podría provocar irritación. Puede que estas palabras ni siquiera las entienda una generación mayor. A la inversa, un orador mayor no tiene por qué adaptarse lingüísticamente a su público más joven. También en este caso, la autenticidad del orador está siempre en primer plano.

En el caso de una conferencia técnica, cabe suponer que el público tiene un nivel de conocimientos similar. Por tanto, el uso de extranjerismos técnicos y relacionados con la técnica no plantea problemas. Para un público más culto, el lenguaje puede ser más sofisticado. Con un público mixto, hay que tener cuidado para garantizar la comprensibilidad y un lenguaje más sencillo. Cuando te dirijas a un público predominantemente de lengua extranjera, el orador debe tener en cuenta el nivel lingüístico del público.

La lengua como medio

La conferencia es principalmente un medio oral y auditivo. Por tanto, la lengua desempeña un papel importante. Es la forma externa en que se transmite el contenido al oyente. Es importante cómo estructures la conferencia.

¿Te limitas a leer en voz alta? ¿Hablas libremente pero utilizas viñetas más o menos detalladas? ¿Organizas la conferencia tan libremente que incluso hay espacio para interjecciones, preguntas del público, debates con el público o para ejemplos o pequeñas anécdotas que tú mismo interpones espontáneamente?

La respuesta es que tu público te lo agradecerá -sobre todo en las conferencias más largas- si no te ciñes obstinadamente a tu guión. Y leer una conferencia en voz alta es un no-go.

Seguro que todo el mundo ha tenido la experiencia de que es difícil escuchar durante más tiempo cuando una persona se limita a leer un texto. Aunque hay personas a las que se les da bien leer en voz alta -con una entonación buena y adecuada, una lectura también puede ser interesante-, leer en voz alta no tiene nada que ver con una conferencia.

Normalmente se lee en voz alta un texto cuyo autor es otra persona. Cuando el lector de noticias lee en voz alta las noticias, transmite su contenido al espectador, pero no su propia opinión o postura. El lector de noticias es intercambiable.

Sin embargo, la persona que da una conferencia es el centro de atención con su personalidad. Él o ella crea y transmite su propio mensaje. Con una buena y variada presentación retórica, puedes estar seguro de captar la atención de tu público. ¿Varías tu discurso no sólo en cuanto al contenido, sino también en cuanto al lenguaje? ¿Hablas monótonamente o prestas atención a la entonación adecuada y cambias el volumen de vez en cuando?

Para ello, puedes hacer el siguiente ejercicio. Primero lee en voz alta una frase cualquiera en tono monótono. Luego lee la misma frase con distintas emociones: contento, enfadado, desesperado, triste, orgulloso, asustado.

Te sorprenderá lo diferente que aparece la frase, a pesar de tener siempre el mismo contenido.

¿Utilizas muchas palabras extranjeras o términos técnicos? Esto depende mucho de tu público. Sin embargo, nunca debes alejarte tanto del nivel de tu público que nadie pueda seguirte sin un gran esfuerzo.

Si das tu charla en determinadas zonas, la pronunciación y el dialecto también desempeñan un papel. En una zona donde se habla dialecto, éste es un elemento unificador. Si utilizas una pronunciación claramente altoalemana, crearás una gran distancia con el público. Por supuesto, no puedes limitarte a imitar un dialecto que tú mismo no hablas. Sin embargo, puedes señalar al principio de la presentación que procedes de otra ciudad/región.

Por su parte, el orador debe evitar utilizar un dialecto claro si el público no lo habla o no lo entiende.

LA RETÓRICA CORRECTA

La retórica es el arte de hablar.
Algunas personas son maravillas naturales de la retórica. Pueden hablar sin mucho nerviosismo incluso delante de un grupo numeroso de personas. Pueden adaptarse automáticamente a su público y llegar a él de forma óptima. Pueden hacer que su discurso sea interesante y subrayarlo con expresiones faciales y gestos adecuados. Están seguros de la concentración de su público. Su público disfruta escuchándoles y sus mensajes llegan y permanecen en su mente. También saben responder a las preguntas sin despistarse. Hacen su presentación con tanta seguridad y

convicción como si nunca hubieran hecho otra cosa. Sin embargo, para la mayoría de la gente la historia es distinta.

Las habilidades retóricas

Sin embargo, las habilidades retóricas pueden aprenderse y entrenarse. Las habilidades retóricas incluyen el lenguaje y la forma de lo que se dice, pero también las expresiones faciales, los gestos y otros lenguajes corporales.

¿Cómo encuentras las palabras adecuadas durante la presentación, cómo transmites la información y tu mensaje de forma convincente?

De nuevo, no tiene sentido fingir e intentar parecer alguien distinto de quien eres. Esto es un error, porque nadie podrá mantenerlo durante mucho tiempo. Sé tú mismo, haz frente a tus miedos y debilidades. No es malo equivocarse, hablar mal o perder el hilo de vez en cuando. Lo único importante es que no te desconcentre.

Si cometes un error, tu interlocutor lo percibirá de forma auténtica y comprensiva. Tu interlocutor puede incluso identificarse contigo y pensar: "Eso también podría haberme pasado a mí".

Por tanto, la autenticidad ayuda a romper el hielo con el público.

Si tienes miedo de tu presentación, es más bien contraproducente que también te arrastres a ti mismo. Ten pensamientos positivos antes de tu presentación. Motívate. Tienes la experiencia que quieres transmitir al público. Tienes ganas de dar tu charla. Si transmites al público tu actitud positiva y tu placer por la presentación, percibirán tu carisma positivo y parecerás creíble y simpático.

Tu público es tu persona de contacto. Establece contacto visual, sobre todo al principio. Busca a una persona que te devuelva el contacto visual y se muestre amistosa y abierta hacia ti. "Mira a tu alrededor" en busca de otras personas como "aliados" una vez que hayas empezado la charla. ¿Cómo reaccionan a tu charla? ¿Qué persona te da buena espina, que reacciona positivamente? Establece también contacto visual con esas otras personas. Puede que la persona a la que estás mirando incluso te haga un gesto afirmativo con la cabeza cuando digas algo. Entonces el ejercicio funciona. Si recibes reacciones positivas inmediatas de tu público y consigues que el público esté de tu parte, esto a su vez refuerza tu confianza en ti mismo.

Presta atención al diseño de tu discurso. Utiliza un lenguaje comprensible para tu audiencia. No hagas frases largas y complicadas. La brevedad es la sal de la vida. Ve al grano. No divagues innecesariamente. La presentación debe durar lo necesario en cuanto a contenido. Pero no debe alargarse innecesariamente.

Habla con calma y claridad. Ten cuidado de no acelerar. Sentirás automáticamente la tentación de hacerlo si tienes la sensación de que tu presentación se está alargando demasiado y el público se está impacientando. Más bien, acorta tu charla de antemano. Así no tendrás que precipitarte. No te atasques durante la conferencia. Deja tiempo para preguntas complementarias si es necesario. Asegúrate, sin embargo, de que una discusión que surja en el público no se te vaya de las manos y tengas que correr después con el tiempo y posiblemente incluso omitir algo. Es típico que las sesiones de formación se queden sin tiempo al final y que, por desgracia, los temas importantes sólo se toquen brevemente o incluso haya que omitirlos.

No te dejes llevar por el tiempo de forma que te limites a recitar tu discurso. Las pausas son importantes. Tus mensajes deben poder resonar en el oyente. Esto aumenta el impacto de tu mensaje. Debe ser posible procesar brevemente lo que se ha asimilado, de lo contrario dejará de estar presente en la memoria tras la presentación.

Tu presentación será mucho más eficaz si permites al público estas pequeñas pausas. No se abruma a la audiencia con información, sino que se la anima a pensar. Los que son capaces de seguir la conferencia correctamente también están ansiosos por ver qué ocurre a continuación y no abandonan a la mitad.

Dirígete también a tu público a un nivel emocional. Utiliza mensajes "yo". Por ejemplo, no digas "Sería mejor que...", sino formula "Creo que sería mejor que...". Esto demuestra al público que respaldas tus mensajes.

Incorpora momentos destacados a tu presentación. Haz que el tema sea apasionante. Aumenta la tensión. Luego llega la resolución, el momento "ajá". Formula: "¿Y te imaginas cuál es la solución a este problema?". - A continuación viene la información, la solución, lo que importa. Si el oyente puede "experimentar" literalmente tu línea de pensamiento de este modo, te seguirá con entusiasmo. Entonces no le das ninguna o-portunidad al aburrimiento.

Proporciona ejemplos prácticos y no te de-tengas en explicaciones teóricas. De todos mo-dos, si el tema es árido, tu audiencia definitiva-mente necesita soltarse. Los ejemplos prácticos también facilitan la puesta en práctica por parte del público. Al fin y al cabo, tu público debe salir de la conferencia y "llevarse algo" para sí. El público asiste a la conferencia porque le inte-resa el contenido, porque espera algo de ella, porque quiere obtener consejos sobre un tema determinado, una guía sobre cómo poner en práctica y aplicar los conocimientos recién adquiridos. Tu público quiere beneficiarse de ti.

También puedes implicar al público en la presentación. Dirígete directamente al público. Haz preguntas sobre las soluciones propuestas. Si elaboras la solución "junto" con el público en los momentos adecuados, el efecto "ajá" será aún mayor. El público piensa activamente. Esta herramienta también puede utilizarse cuando notes que se está produciendo cierto cansancio.

Haz que tu presentación sea animada. Como parte de tu preparación, puedes practicar la lectura de un texto en voz alta para ti mismo o para otra persona. También puedes grabarte haciéndolo. Intenta cambiar el volumen, el tempo y la tonalidad. Utiliza pausas específicas. Toma conciencia de estos recursos estilísticos. Sólo si practicas estos recursos estilísticos se convertirán en algo natural para ti. Entonces tu lenguaje tendrá el efecto adecuado en tus oyentes.

Recursos retóricos

Además de las habilidades retóricas, también hay recursos retóricos con los que puedes dar forma al lenguaje de una manera especial. Dominándolos, transmites competencia lingüística. El uso de estos medios ayuda a convencer al oyente y a aligerar la presentación e ilustrar tus afirmaciones.

Existen diferentes recursos retóricos.

En primer lugar, el *efecto de sonido.* Las palabras se eligen según un determinado sonido. El sonido crea un efecto especial, por ejemplo en la aliteración (palabras sucesivas con la misma letra inicial; "Con hombre y ratón") o la onomatopeya (el sonido de la palabra **subraya** su significado; "siseo", "chapoteo").

Jugar con el significado de las palabras. El significado real se sustituye por otro: en un símil, por ejemplo, se ponen en relación dos ámbitos ("el hombre es tan fuerte como un oso"), en una metáfora se da a una palabra un significado figurado ("zorro" es una persona astuta y taimada), en una hipérbole se exagera la expresión de forma magnificada ("a la velocidad del rayo") o disminuida ("a paso de tortuga").

Juega con el número y el orden de las palabras y los pensamientos. En un clímax, por ejemplo, hay un aumento en varias etapas ("Cada ciudad, cada país, cada continente") y en una elipsis se omite una parte de la frase ("Cuanto más rápido, mejor").

Éstos son sólo algunos ejemplos. Otros ejemplos bien conocidos de recursos retóricos son la ironía, la alusión, la personificación ("El cielo está llorando" = lluvia) y la pregunta retórica ("Eso no te lo crees ni tú, ¿verdad?").

Tienes que dominar estas peculiaridades lingüísticas para poder utilizarlas sin errores. Sin embargo, algunas de ellas también corresponden a expresiones comunes (por ejemplo: "Con hombre y ratón", "Fuerte como un oso"). Con estas expresiones comunes no te equivocarás y podrás embellecer tu discurso y hacerlo más atractivo.

La voz

Tu voz desempeña un papel fundamental en el éxito de tu presentación. Por eso le hemos dedicado un capítulo aparte.

¿Quién no ha experimentado esto? Una persona a la que percibes positivamente a primera vista empieza a hablar. La voz es suave y poco clara. Inmediatamente, se atribuyen a esta persona características como la falta de autoestima o una personalidad aburrida y poco impresionante. O la voz es alta y estridente. Es sencillamente desagradable escuchar a una persona así, diga lo que diga. El sonido de la voz influye mucho en lo que percibe el interlocutor.

Por supuesto, no puedes cambiar fundamentalmente tu propia voz. Está predeterminada, igual que otras características físicas de una persona. Sin embargo, la voz también cambia a lo largo de la vida debido al envejecimiento y a influencias externas. Las personas que trabajan mucho con su voz pueden forzarla y dañarla.

Pero puedes trabajar mucho para desarrollar y mejorar tu voz. Piensa en los cantantes o los actores, por ejemplo. En su formación y también con ejercicios de entrenamiento de la voz en activo, aprenden no sólo a articular con claridad. Desarrollan el sonido y la plenitud de su voz. Los límites físicamente dados pueden ampliarse. El volumen aumenta. Se mejora el rango vocal y también el timbre de la voz. Esto demuestra que se puede trabajar en y con la voz.

Una voz chillona o entrecortada que suena estrujada suele deberse a una técnica de habla incorrecta. Si tu trabajo requiere que hables o actúes mucho, puede merecer la pena recibir clases de un profesor de logopedia o incluso de un profesor de canto. En los casos en que la voz está sufriendo realmente debido a años de hablar incorrectamente, lo que puede dañar también las cuerdas vocales, o en presencia de un defecto del habla (tartamudeo, titubeo, etc.), es mejor consultar a un logopeda. Sin embargo, también puedes encontrar ejercicios e instrucciones en libros o en Internet con los que puedes entrenar un poco tu propia voz.

Para autocontrolarte, puedes grabar tu voz una vez y escuchar la grabación. Esto corresponde a lo que otras personas oyen de tu voz. Te percibes de forma diferente cuando hablas.

Haz ejercicios de respiración y relajación como hacen los cantantes para entrenar la voz, pero también para calentar para la actuación concreta.

Haz *ejercicios físicos para* relajarte. Afloja los hombros. Haz círculos con los brazos. Da golpecitos con los brazos, el cuerpo, las piernas y los hombros. Estírate hacia arriba, dejando que la parte superior del cuerpo "caiga" con soltura. Continúa los ejercicios con la cara. Relaja la mandíbula, la lengua, los labios. Para ello es adecuado hacer un "brrrr" con los labios o un "rrrr" enrollado con la punta de la lengua. Golpea los músculos de la cara, acaricia la frente y las mejillas. Afloja los músculos con la punta de los dedos. Masajea la nuca.

Haz *ejercicios respiratorios para* entrenar la respiración abdominal. Inspira profundamente por la nariz. Siente cómo el aire fluye hacia tu vientre. Con la respiración profunda absorbes más oxígeno que con la respiración superficial. La respiración superficial es demasiado rápida y superficial. Fomenta el nerviosismo. La respiración profunda y lenta te calma. Si inspiras y espiras conscientemente de una determinada manera, te acostumbras a la respiración correcta y también lo harás inconscientemente. La respiración se produce automáticamente. Sin embargo, una técnica respiratoria eficaz puede aprenderse y entrenarse.

Ejemplos de *ejercicios vocales*: Tararea para ti mismo (mmmm). Cambia la dinámica. Deja que el sonido se hinche. Tararea más alto, luego más suave otra vez. Cambia el tono. Piensa en una montaña rusa. Deja que tu voz suba y luego vuelva a bajar. Asegúrate de que las transiciones sean suaves. Te sorprenderá todo lo que puedes crear con tu voz.

También puedes pasar a una vocal (mmm-maaaa) y debes asegurarte de que la transición sea suave y sin interrupciones en la voz.

Empieza con un tono alto (vocal: aaaa) y deja que la voz "caiga" hacia abajo. Presta atención a una progresión suave del tono. La voz no debe quebrarse. Capta el sonido en la parte inferior. Esto también entrena cierta tensión. Con estos ejercicios controlarás mejor tu voz.

Si eres algo musical, haz ejercicios vocales como un cantante. Canta secuencias de notas y repite acordes. Sube o baja siempre un semitono.

Por cierto, si simplemente tarareas para ti mismo sin prestar atención a ninguna modulación en particular, puedes averiguar fácilmente el tono de tu voz al hablar. Para la mayoría de las personas, la voz es mucho más grave de lo que creen. La tensión y el estrés tienden a elevar la voz. Si hablas siempre en un tono demasiado alto, también dañas tu voz.

Hablar con tu voz natural (más grave) te resulta más fácil. Tu interlocutor también lo nota. Hay relajación en tu forma de hablar. Puedes transmitir la calidez que abre los corazones de tus oyentes no sólo con tus modales, sino también con tu voz.

El receptor

El destinatario es el centro de tu presentación. La conferencia va dirigida a él. El destinatario debe beneficiarse de tu conferencia, aprender algo, "llevarse algo", reflexionar sobre ella, quizás replantearse su opinión y cambiar de opinión o mantener su propio punto de vista. Debe ocuparse del contenido de tus mensajes.

SU PERSONALIDAD

Con los medios de comunicación intentas llegar a tu oyente. Esto plantea la importante cuestión de quién es realmente tu oyente. El trasfondo social y cultural desempeña un papel importante. También lo hace la situación actual en la que se encuentra el oyente. No puedes conocer la historia de la vida de tus oyentes y no puedes influir en su estado de ánimo actual. Si alguien está cansado, de mal humor, ocupado con un problema propio y, por tanto, distraído, no hay nada que puedas hacer al respecto. Sin embargo, creando un buen ambiente y presentando bien tu charla, puedes crear las condiciones óptimas para tu audiencia.

Y puedes ser consciente de que tus oyentes tienen diferentes requisitos y capacidades en cuanto a cómo reciben la información.

DIFERENTES TIPOS DE APRENDIZAJE

Se trata de saber qué tipo de aprendizaje es el tuyo. Existen esencialmente tres tipos de aprendizaje diferentes: el auditivo, el visual y el kinestésico/háptico. La cuestión del tipo de aprendizaje no sólo se refiere a cómo aprende alguien de forma más eficaz. También tiene que ver con qué canal de percepción prefiere una persona (ver, oír, mover/sentir).

El tipo puramente *auditivo* (prefiere oír) es el menos común. Son personas que captan bien la palabra hablada. Pueden escuchar bien al orador durante mucho tiempo y captar y retener lo que oyen.

El alumno *visual* (prefiere ver) recuerda mejor el contenido que ha leído. También son buenos recordando dónde leyeron algo (1ª página, último párrafo, etc.).

El alumno de tipo *cinestésico o háptico* (prefiere el sentido del movimiento o del tacto) sólo puede concentrarse bien y absorber y retener contenidos si éstos están vinculados a otra impresión sensorial. Tiene que tocar las cosas para poder "captarlas". Tiene que combinar el aprendizaje y la absorción de contenidos con movimientos (dibujar figuras de palitos mientras escucha, caminar arriba y abajo mientras aprende). Muchas personas combinan varios aspectos de estos tipos de aprendizaje, pero normalmente se favorece uno de ellos.

¿Qué significan los distintos tipos de aprendizaje para mi presentación?

Todo está en la mezcla. Especialmente en una conferencia larga, es importante apelar a todos los tipos de aprendizaje. Una presentación oral atrae, naturalmente, sobre todo al tipo auditivo. Si se distribuye un folleto a la audiencia (que sólo debe contener puntos clave y gráficos; con textos escritos más largos, la audiencia empieza a leer) o si se utilizan presentaciones en Power-Point, también se dirige al tipo visual y, por tanto, no se "perderá" en la presentación oral.

Para el alumno cinestésico, debe haber papel y bolígrafos, porque además de garabatear en el papel, también le gusta anotar una o dos cosas. Estas notas no son sólo para consultarlas más tarde. El alumno cinestésico puede concentrarse mejor en la clase moviéndose mientras escribe. La mayoría de las personas son -al menos también- aprendices kinestésicos. La inserción de un gráfico o una ilustración, preferiblemente una caricatura o un chiste ilustrado que encaje con el tema, también puede amenizar la clase para este grupo de alumnos, pero también para todos los demás; al igual que la demostración de objetos figurativos si encaja con el tema.

Al tener en cuenta los tres tipos de aprendizaje, se garantiza la mayor concentración posible con tu público.

El portavoz

La otra persona central en tu presentación eres tú mismo.

TU PERSONALIDAD

No hay que subestimar la propia personalidad del orador. Tú das la conferencia. Nadie más. Es tu presentación. Si otra persona diera la charla en tu lugar, seguramente el público la recibiría de forma diferente.

Lo que importa en tu presentación es tu personalidad. No tienes que esconderte ni fingir. Sé sincero contigo mismo y con el público. Sé auténtico. Es mejor tener un desliz o perder el hilo de vez en cuando, si puedes corregirlo con una sonrisa sincera, que parecer tenso, distante y rígido durante tu presentación. Muestra vivacidad. Irradia. Tu carisma llegará al oyente. Abre tu corazón y tu mensaje llegará al corazón de tu audiencia.

Serenidad - Sé tú mismo

Mantén la calma. Ten confianza. No puedes prever todas las eventualidades. Si se estropea el equipo técnico, si se plantean preguntas imprevistas... no tienes que estar preparado para todo, ni puedes estarlo.

No te dejes despistar por preguntas complementarias que no puedas responder bien o que se desvíen del tema real. La calidad de tu presentación se resentirá si te dejas desanimar por esas preguntas.

Y: ¡No tienes por qué saberlo todo! A pesar de una buena preparación y unos conocimientos muy buenos, puede que haya preguntas a las que no puedas responder. Reconócelo, no te dejes empujar a una posición de justificación.

Puedes explicar que este punto no forma parte del tema, puedes señalar que investigarás este punto más adelante y "presentarlo más tarde", también puedes decir simplemente que no puedes responder a esta pregunta. Tal vez un punto abierto también pueda ser una buena ocasión para un debate técnico posterior. Las preguntas complementarias sólo son "desagradables" si te las tomas así.

No tengas miedo de ser creativo. Tu estilo de presentación siempre reflejará el tipo de alumno que eres.

Sé tú mismo. Entonces no te enfadarás tan fácilmente. Entonces podrás afrontar las preguntas y las posibles críticas sin sentirte abrumado por ello. Muestra tu personalidad durante la presentación, habla de tu tema con entusiasmo. Los oyentes atentos te lo agradecerán.

¡Comentarios, por favor!

Después de la conferencia, puede que tengas la sensación de querer salir rápidamente de la situación y dejarla atrás.

Puede que aún tengas la impresión de lo que no funcionó tan bien. Sin embargo, es mejor que hagas una autorreflexión inmediatamente después. ¿Qué es lo que funcionó bien en tu presentación y en qué aspectos te sentiste más inseguro? ¿Por qué fue así? ¿Qué puedes mejorar?

También puedes recibir las reacciones del público. Es posible que ya recibas automáticamente los comentarios de los profesores o de los responsables del seminario y las reacciones del público, los elogios y las críticas. Intenta beneficiarte de ello cuando pienses en lo que puedes mejorar. Asimismo, tómate las críticas negativas con profesionalidad y no te las tomes como algo personal.

Siéntete orgulloso de ti mismo cuando hayas terminado tu presentación, como el artista que ha terminado su actuación. ¡Recibe tu aplauso!

Aunque tu presentación no te haya parecido perfecta. Muchas personas se exigen demasiado a sí mismas, registrando el más mínimo error que probablemente los demás ni siquiera noten. Esto les hace sentirse inseguros sin motivo. No se trata de ser perfecto. Tus oyentes también saben que todas las personas pueden cometer errores. Tus oyentes también han cometido errores. Nadie te culpará por ello. Lo importante es que la presentación salga bien. No es importante que hagas una presentación

impecable. Incluso una presentación impecable
será mal recibida si es aburrida.

Miedo escénico - ¡Me encantaría!

Y otro tema importante, ¡el miedo escénico! Si piensas en este término como un tema molesto y un sentimiento aterrador del que preferirías no hablar en absoluto y que hay que evitar o reprimir, te equivocas.

MIEDO ESCÉNICO FRENTE A MIEDO A HABLAR

Quién no lo ha experimentado: antes de una actuación, te tiemblan los dedos, todo te da vueltas, empiezas a sudar, se te seca la boca.

No cumplir las expectativas del público, no conseguir decir una palabra y fracasar completamente: eso es lo que hay detrás de esta excitación, que a menudo se asocia a síntomas físicos.

Reacciones en situaciones de estrés
El miedo escénico y la ansiedad al hablar surgen en situaciones de estrés. Son situaciones que no son "normales" para las personas. Son situaciones excepcionales.

Hay tres tipos de reacción en esas situaciones estresantes.

Congelación, huida y lucha/agresión.

La congelación o torpor recuerda a un animal que se hace el muerto en situaciones peligrosas para no ser devorado. En los humanos, esta congelación se manifiesta por inmovilidad, la persona ya no percibe nada a su alrededor, las letras se vuelven borrosas ante los ojos. En el peor de los casos, se produce un apagón: ya nada funciona.

El mecanismo de huida se manifiesta bien literalmente, huyendo de la situación percibida como amenazadora, bien mediante un aumento del pulso, hipertensión arterial y palpitaciones.

Por último, la reacción de lucha se manifiesta en calambres, tensión muscular e incluso una sensación de dolor muscular posterior, aunque no se haya realizado ninguna actividad físicamente extenuante.

Todo se convierte en un problema cuando se produce un fallo: la voz del cantante falla, los dedos del pianista resbalan de las teclas, el intérprete olvida su texto, pierde el hilo, tiene un "apagón".

¿De dónde viene el miedo a hablar?
La ansiedad del habla o miedo a hablar (logofobia) es un miedo social. Esto significa que no es innato, sino adquirido por la persona en el curso de su socialización. En el peor de los casos, se extiende una sensación de pánico que realmente

deja a la persona afectada fuera de combate y le impide actuar.

Por un lado, es el miedo a fracasar o a no estar a la altura de las expectativas del público. La persona afectada tiene miedo de pasar vergüenza ante el público porque no consigue emitir un sonido o habla mal o pierde el hilo y se desvía por completo. O tiene miedo de que al público no le guste su presentación y se sienta decepcionado. Teme ser rechazado por los demás.

Una presentación, una conferencia, son situaciones en las que el orador es evaluado por su público. La evaluación tiene lugar mediante la atención durante la presentación, comentarios positivos y elogios, o críticas negativas después de la presentación. En situaciones de examen, se ponen notas. En el mundo laboral, el éxito en el trabajo (el cliente hace el pedido tras una presentación exitosa) o un ascenso pueden depender de la evaluación de los demás. La situación de evaluación se lo pone mucho más difícil al orador.

Por otra parte, generalmente se trata del miedo del hablante a ser el centro de atención. Las personas tímidas, en particular, se sienten observadas por los demás y están a su merced. Por eso prefieren esconderse detrás de su ordenador portátil, un bolso o cualquier otra cosa.

Estos miedos siempre se basan en experiencias negativas del hablante que se remontan a su pasado. Pues ningún ser humano es temeroso y tímido desde su nacimiento.

La noticia positiva es que los miedos pueden superarse de verdad. ¡Puedes superar el miedo a hablar! Por supuesto, esto no ocurre de la noche a la mañana y requiere mucha práctica, y una y otra vez el valor de salir en público.

¿Cómo puedes superar la ansiedad al hablar?
Una persona ansiosa puede contar con la comprensión y la compasión de una gran parte del público cuando actúa. Casi todos ellos han experimentado alguna situación en la que algo no salió muy bien y otras personas se dieron cuenta de ello.

En la ansiedad al hablar intervienen también tres ámbitos: el espiritual (psicológico), el físico (corporal) y el nivel de rendimiento.

Esto último se refiere a la capacidad técnica, a lo que se ha aprendido, a la seguridad de la ejecución. Si el pianista no ha practicado la pieza, no podrá ejecutarla de forma impecable. Si el estudiante no ha estudiado, no obtendrá un buen resultado en el examen. El atleta que no haya practicado lo suficiente no podrá correr lo bastante rápido para conseguir el nuevo récord, y el orador vacilará si no ha preparado adecuadamente su discurso.

Los tres niveles se influyen mutuamente. Si el nivel de rendimiento es correcto, pero hay deficiencias en el nivel psicológico, es decir, los mecanismos mencionados anteriormente entran en acción y se produce el "congelamiento", la "huida" o el "comportamiento de lucha", esto también tendrá consecuencias físicas (palpitaciones, falta de concentración, tensión). Éstas, a su vez, pueden afectar al rendimiento, incluso hasta el punto del fracaso. Sin embargo, la deficiencia en un nivel puede compensarse en otro.

Entonces, ¿cómo puedes superar el miedo?

Tomar conciencia del miedo

Enfréntate a tus miedos. Toma conciencia de tu miedo. Reflexiona sobre tu comportamiento y tus síntomas. Escríbelo todo.

Pregúntate de dónde procede tu miedo. Escribe cuándo fue la primera vez que te surgió ese miedo. ¿En qué situación? ¿Fue en tu infancia? ¿Te pidieron que realizaras una determinada habilidad y te sentiste abrumado? ¿Resultó en un fracaso? ¿Te regañaron o se rieron de ti?

Si te das el tiempo suficiente, seguro que sacas a la superficie alguna razón de tu miedo. La autorreflexión, tomar conciencia de algo y nombrar las razones de tu miedo al fracaso ya es el primer paso para mejorar tu situación.

Sólo si la causa está relacionada con un acontecimiento traumático necesitarás ayuda externa (por ejemplo, la intervención de un psicólogo).

Poner el miedo en perspectiva

Pregúntate qué podría ocurrir en el peor de los casos durante tu presentación. ¿Cuál sería el "peor caso"?

¿No recuerdas ni una sola palabra de tu presentación? ¿De repente ya no puedes hablar? ¿No encuentras tus documentos? ¿Todas las personas del público se ríen de ti sin motivo o abandonan la sala durante tu charla?

Pregúntate si un caso así es realmente realista. Probablemente no. Y verás que todo es sólo "medio malo".

EJERCICIOS DE RELAJACIÓN

Como ya se ha dicho, la deficiencia en un nivel puede compensarse en otro.

Cuanto mejor es el nivel de interpretación, más tranquila puede estar la persona, por ejemplo, a nivel psicológico, porque si se ha practicado bien, se domina perfectamente la pieza de piano, y la posibilidad de tocarla mal es objetivamente baja. Esta certeza también alivia el nivel psicológico.

Sin embargo, una deficiencia en el plano psicológico también puede contrarrestarse específicamente con un fortalecimiento en el plano físico.

El atleta recurre a un entrenador mental. El entrenador no sólo motiva. Ejercicios específicos como el yoga, la meditación o el entrenamiento autógeno pueden influir en las funciones físicas. La respiración se vuelve más tranquila y uniforme. La tensión arterial disminuye, las tensiones se liberan. Las palabras positivas y alentadoras calman y mejoran la confianza en uno mismo. Se interrumpe la espiral de pensamientos de miedo al fracaso y dudas sobre uno mismo.

Estos ejercicios detienen las reacciones negativas incontroladas y excesivas, tanto físicas como psicológicas.

Incluso sin la ayuda de otras personas, puedes calmarte con los ejercicios anteriores y evitar que la ansiedad te supere literalmente.

Ya has aprendido algo sobre ejercicios de relajación en el capítulo sobre la voz. A continuación, te presentamos unos cuantos ejercicios de entrenamiento mental que puedes hacer inmediatamente antes de tu presentación.

Meditación: Repítete a ti mismo que estás bien preparado y que no tienes nada que temer. Elige un "mantra" positivo para ti que te tranquilice. También puedes conectar el mantra con tu respiración: una palabra (pensada, no pronunciada) al inhalar, otra al exhalar. Repítelo durante varios minutos. Fija una hora de antemano y pon un despertador.

Viaje a través del cuerpo: Siéntate tranquilamente o, si es posible, túmbate estirado. Imagina que tu respiración fluye por el cuerpo. Recorre tu respiración "de la cabeza a los pies" mientras fluye por todas las partes del cuerpo. Dirige tu atención en cada caso a la parte del cuerpo por la que la respiración fluye actualmente en tu imaginación.

Ejercicios de respiración: El estado mental tiene un impacto directo en las funciones físicas. Si estás agitado, la respiración se vuelve rápida y superficial. El pulso aumenta. Simplemente cambia las tornas. Respira con calma. Utiliza un patrón respiratorio, por ejemplo, inhala lenta y profundamente por la nariz mientras cuentas hasta 4, aguanta la respiración mientras cuentas hasta 4 otra vez, exhala lentamente mientras cuentas hasta 4 otra vez. Repite este ejercicio varias veces.

O coloca las manos a los lados del pecho y respira "hacia" el lugar donde están las manos. Repítelo varias veces. Ahora coloca las manos un poco más abajo y vuelve a respirar "dentro" de ellas. Coloca siempre las manos un poco más abajo, hasta el vientre.

Hay una gran variedad de ejercicios de este tipo. Mediante la respiración consciente y profunda, no sólo se calma tu respiración. Todo tu cuerpo y también tu mente se calman.

¿Y QUÉ ES EL MIEDO ESCÉNICO?

El miedo escénico debe distinguirse de la ansiedad a hablar en público. A diferencia del miedo a hablar en público, el miedo escénico es una reacción normal en la situación de estrés previa a una actuación, que se da en casi todo el mundo.

El miedo escénico, el miedo escénico, no sólo lo tienen los artistas, los deportistas, sino cualquiera que actúe en público, y también quien da una conferencia. El miedo a los exámenes también es similar al miedo escénico. El examinado se expone a la evaluación de los demás. Tiene que recordar lo que ha aprendido en una situación concreta y estresante, como el artista que canta en el escenario o toca un instrumento, o el atleta que quiere batir un tiempo en sprint o realizar un cuádruple salto en patinaje artístico.

¿Sientes excitación antes de tu actuación y un poco de náuseas? Pero entonces empieza la actuación. ¿De repente estás completamente concentrado y concentrada y toda la excitación se esfuma? Es una reacción completamente normal, una forma positiva de miedo escénico.

Sacar provecho del miedo escénico
El miedo escénico, la tensión y excitación previas a una representación, va acompañado de una mayor liberación de adrenalina. Esta hormona pone al organismo en un estado de

máxima alerta. Este proceso está causado a su vez por la evolución. En la antigüedad, la liberación de adrenalina en situaciones de estrés garantizaba la supervivencia del hombre. El hombre se superó a sí mismo y de repente fue capaz de correr muchas veces más deprisa y así huir del animal salvaje y seguir con vida.

Y esto es exactamente lo que ocurre con el miedo escénico en sentido positivo con el artista, el deportista o cualquier otra persona que quiera actuar de una determinada manera. La adrenalina permite a la persona rendir física y mentalmente al máximo. El cantante canta con todo el volumen de su voz y domina las alturas y otras dificultades técnicas sin problemas. El atleta salta más lejos que en cualquier competición anterior.

En la situación excepcional de la "actuación en público", el miedo escénico hace que la persona esté muy concentrada y centrada en la próxima actuación, que puede dominar con soltura.

Así que no reprimas tu miedo escénico. En el momento en que hayas pronunciado tus primeras frases, verás que la tensión se libera. Puedes convertir la energía que se libera en una buena actuación en tu charla.

Algunos consejos prácticos más para tu presentación

Por último, pero no por ello menos importante, aquí tienes algunos consejos prácticos sobre cómo optimizar la situación de la presentación.

LA PREPARACIÓN ADECUADA

Especialmente para las personas algo ansiosas y tímidas que no están acostumbradas a hablar delante de un público, una buena preparación vale su peso en oro.

Por un lado, esto significa una buena preparación técnica de la ponencia, así como la adquisición de unos conocimientos previos seguros para estar preparado para las preguntas. Así nunca te "tambalearás" durante la presentación, podrás concentrarte plenamente en tu charla y no tendrás que temer ninguna pregunta de seguimiento.

Garantiza una buena estructura y una secuencia y esquema lógicos de la presentación. Comienza con una introducción. Al final puede estar tu declaración o una perspectiva.

Puedes repartir previamente un folleto a la audiencia como guía.

Por supuesto, la preparación también incluye tener tus documentos y material de acompañamiento bien ordenados y a mano, para que no tengas que rebuscar documentos todos a la vez durante la presentación. Esto deja una impresión confusa en el oyente y puede despistarte.

Es mejor numerar los trozos de papel consecutivos para que no haya desorden de papeles. Prepara los documentos que quieras entregar a los participantes antes o después de la presentación.

Diseña tu propio guión/esquema para la presentación de forma que no contenga frases completas, sino puntos clave. Subraya gráficamente los puntos importantes (por ejemplo, los títulos, los párrafos antes de un nuevo tema). Marca también las pausas importantes de tu discurso. Prepara tu guión de modo que puedas consultarlo en cualquier momento si te atascas. Marcar puede evitar que no sepas en qué parte del guión te encuentras después de un pasaje de discurso libre.

GESTIÓN DEL TIEMPO

Ten a mano un reloj o tu teléfono móvil para poder controlar la hora. Si tienes ambos delante, podrás comprobar la hora de forma más discreta que si no dejas de cogerlo o tienes que estar mirando un reloj de pared en la sala de conferencias. De lo contrario, el público tendrá la impresión de que algo va mal con la hora (demasiado poco tiempo, bajo presión de tiempo). Marca también una división temporal aproximada en tu guión. Necesitas saber dónde está la mitad de tu presentación. Para conferencias más largas, necesitas una división del tiempo más ajustada. Durante la conferencia estás ocupado con otras cosas y no tienes noción del tiempo ni visión de conjunto de si aún estás dentro del límite de tiempo. Si trabajas con divisiones temporales, siempre sabes dónde estás y que aún estás dentro del límite de tiempo. Esto te tranquiliza y hace que tu presentación sea segura.

Ten en cuenta que las conferencias más largas requieren pausas para el público. Se supone que es necesaria una breve pausa después de 45 minutos y una pausa más larga (15 minutos) después de 90 minutos. Durante esta pausa, la gente puede airearse, estirar las piernas, ir al servicio, hablar, tomar un café. La mayoría de la gente no es capaz de concentrarse durante mucho tiempo sin una pausa.

Sé puntual en el lugar de la conferencia. No da una buena impresión si llegas con prisas y la mayoría de los participantes ya están allí esperando. Lo mejor es estar en el lugar antes que los demás participantes.

Garantiza un clima agradable en la sala (ventilación, calefacción) y una buena iluminación. Los participantes deben sentirse cómodos. La luz debe ser suficiente para que todos puedan mirar su folleto y tomar notas. Una iluminación suficiente también puede contrarrestar la fatiga.

Deben ser claramente visibles. Al fin y al cabo, el público quiere saber con quién está tratando. Sin embargo, la luz no debe darte en la cara para que tengas que parpadear todo el tiempo. También debes sentirte cómodo durante la presentación. De lo contrario, no irás al grano.

Comprueba si el equipo técnico (proyector, reproductores, etc.) funciona y familiarízate con su funcionamiento si aún no estás familiarizado con el equipo del lugar. Si es necesario, pregunta al personal del lugar si no sabes cómo utilizar el equipo. No da una impresión profesional que empieces a trastear con el equipo técnico durante la conferencia.

Ten preparados los documentos de tu presentación para poder empezar sin demora.

SIÉNTETE A GUSTO EN TU PIEL

Sentirte bien con tu cuerpo también puede quitarte la excitación. Cuida tu bienestar antes de la conferencia. Descansa, come algo, pero no demasiado. Probablemente sepas lo que suele ser bueno para ti cuando estás en tensión. Haz los ejercicios de relajación. También puedes hacerlos en el lugar de la conferencia. Habla con el organizador para ver si hay una sala contigua donde puedas prepararte.

Ten preparado algo de beber. Si te falla la voz durante un rato, tienes una "rana en la garganta" o tienes que carraspear o toser constantemente, un sorbo de agua puede hacer maravillas. Alcanzar el agua también puede ocultar una breve pausa de vergüenza. Si se produce un desmayo de corta duración, puedes utilizar esta actividad para volver al punto en el que estabas.

Elige ropa cómoda y con la que te sientas bien. También puedes regalarte algo nuevo para la conferencia. La ropa debe ser apropiada para la audiencia prevista y el ámbito profesional de la conferencia. Traje/traje en los negocios, de lo contrario ropa informal, pero también debe ser pulcra. Evita la ropa llamativa con estampados, letras o marcas identificativas de determinados grupos, así como los accesorios demasiado llamativos o extravagantes. Si te gustan los colores llamativos y te gusta ser el centro de atención, también es posible. Pero tienes que sentirte cómodo con ellos, porque el color llamará la atención sobre ti además de tu posición destacada. También puedes utilizar un color atrevido específicamente para llamar la atención (blazers de colores de Angela Merkel, trajes de colores de la reina inglesa). Ve a la peluquería con antelación si, de lo contrario, te preocupas constantemente por tu peinado durante la conferencia. Necesitas sentirte realmente cómoda.

Esto aumentará tu confianza en ti misma. Así también irradiarás tu bienestar interior al mundo exterior y podrás concentrarte plenamente en tu presentación.

LA POSICIÓN CORRECTA

No te atrincheres detrás de libros, pantallas de ordenador y otros objetos que puedan obstaculizar la visión clara de ti como orador.

Aunque te apetezca esconderte en el rincón de atrás antes de que empiece la charla, esta sensación pasará. Una vez que hayas empezado a hablar, normalmente ya no sentirás la necesidad de esconderte.

El público quiere oírte. Pero también quieren verte. ¿Quién habla? Muéstrate. Ya hemos visto lo importante que es el lenguaje corporal. Sin embargo, éste sólo puede percibirse y, en el mejor de los casos, apoyar tu presentación si eres visible, en el verdadero sentido de la palabra.

No dudes en cambiar de posición. Esto hará que tu presentación sea más dinámica. Siéntate en los intermedios. Pero también levántate. No tienes por qué estar de pie en tu sitio (mesa, atril) todo el tiempo. Camina de un lado a otro. Así podrás dirigirte más directamente a tu público. Esto también atraerá a las personas sentadas al otro lado de la mesa, que de otro modo no tendrían una buena visión de ti. Pero mantente siempre en la zona delantera para que nadie sentado más adelante tenga que darse la vuelta para mirarte. Caminar sólo es una opción si puedes hablar libremente durante determinados pasajes de la conferencia. No debes llevar el guión contigo. El guión debe estar en tu asiento de forma que siempre lo tengas a la vista y puedas mirarlo discretamente.

RESPIRA, PIENSA EN POSITIVO, PONTE EN MARCHA

Inmediatamente antes de tu presentación, ocúpate de algo positivo y no de tu excitación. Te has preparado muy bien. Eres el experto. Los demás quieren aprender algo de ti. Los demás se beneficiarán de tu presentación, de tus conocimientos. ¡Eres bueno! ¡Puedes hacerlo!

Empieza con un saludo informal. Preséntate. Anuncia brevemente el tema. Si el grupo de oyentes es más bien pequeño y el público va a participar en la presentación, también puede hacerse una breve presentación de los propios oyentes. Esto puede proporcionarte información importante (por ejemplo, ¿a qué grupo profesional pertenecen cada uno de los participantes?), pero también puede ser interesante para los participantes saber quiénes son los demás que más tarde contribuirán con discursos.

Organiza las cosas con antelación. ¿Cuándo hay un descanso, hay bebidas y aperitivos disponibles para el público? ¿Dónde están los aseos? ¿Cuánto durará todo? Así el público podrá adaptarse al horario y al tiempo y no se impacientará. También puedes preguntar brevemente a la audiencia si hay alguna pregunta de organización que haya quedado sin respuesta. Aclara antes del comienzo de la conferencia cuándo será posible hacer preguntas del público. En el caso de presentaciones breves, lo ideal es que sea después de la presentación. En el caso de presentaciones más largas, puedes preguntar si hay preguntas de seguimiento tras la conclusión de las distintas secciones. Debes evitar en todo momento las interjecciones incontroladas del público, indicando amistosamente desde el principio la posibilidad de hacer preguntas. De lo contrario, perderás el hilo y te desviarás del tema.

Empieza con la conferencia. En cuanto se pronuncien las primeras frases, debería ir sola.

LA PRÁCTICA HACE AL MAESTRO

Puede haber personas que rebosen confianza en sí mismas. Están bien posicionadas retóricamente, saben expresarse bien, nunca parecen tener dudas sobre sí mismas y hablan con fluidez y sin "ähs" y "ähms" embarazosos. Sin embargo, estas personas son más bien la excepción.

Pero incluso una persona más bien tímida y reservada puede, con un poco de práctica, dominar su actuación tan bien como un talento natural para la interpretación.

Una buena preparación profesional es lo más importante, ya que aporta tranquilidad y confianza. Por supuesto, no debes aprenderte la presentación de memoria, porque una presentación memorizada y recitada probablemente sea tan aburrida como una leída. Sin embargo, puede ser útil practicar el discurso de antemano.

Quizá ya hayas hecho la experiencia en otros ámbitos: una vez que has empezado, una vez que te has metido en la corriente, entonces suele funcionar sola. Por eso puede ser útil practicar bien, sobre todo al principio de la presentación. Incluso puedes idear determinadas formulaciones para las primeras frases y practicarlas.

Pero también puedes practicar todo el discurso, representarlo. También puedes practicar un discurso libre basado en un guión o esquema. Habla en voz alta, pronuncia el discurso ante ti mismo, o ante una persona conocida como público de ensayo. Pide a la otra persona que te dé su opinión. Esto es muy valioso. ¿Es agradable la forma de hablar, el lenguaje (pronunciación, volumen) fácil de entender? ¿Las formulaciones son comprensibles y fáciles de entender? ¿Puedes seguir bien la clase? Aunque practiques solo, puedes comprobarlo grabándote mientras hablas.

Puedes convertirte en un maestro de las presentaciones no sólo practicando bien la presentación concreta que tienes que hacer, sino aprovechando cualquier oportunidad para hablar libremente, para dar una conferencia, una presentación.

Todos podemos hablar con naturalidad. Para convertirse en un maestro de la palabra hablada, ¡sólo ayuda la práctica!

Cuando hayas dado tu 50ª charla, habrás dominado la oratoria mucho mejor que cuando la diste por primera vez.

Aprovecha las oportunidades. No te encierres en ti mismo. ¡Sal a tu escenario!

Tu presentación con éxito - vamos

Han comprobado que todo el mundo, aunque sea introvertido y ansioso por naturaleza, puede dominar su charla.

Seguro que alguna vez has oído hablar a una persona en público y has pensado: "¡Quiero ser capaz de hablar así!

Si tienes y aprovechas la oportunidad de hablar en público más a menudo, con el tiempo podrás adquirir tanta práctica y perfeccionar tus habilidades que un día serás una persona así.

¡Buena suerte con tu presentación!